Thanks for

Jose A. Castillo
Lope de Rueda 9, nº 5
29190, Málaga.

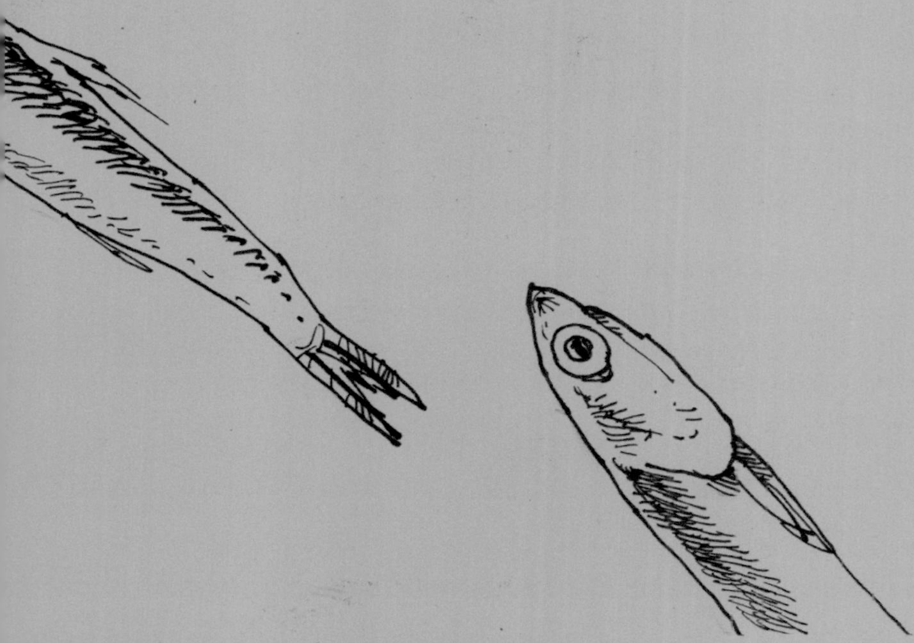

PRÓLOGO/PROLOGUE

Quien se asome a estos fascinantes bosquejos no se limitará a descubrir una nueva mirada sobre la Ciudad del Paraíso. Tendrá ante sus ojos una Málaga enriquecida gracias a la sensibilidad artística y cultural de Luis Ruiz Padrón, un arquitecto humanista que ha querido compartir los tesoros de su cuaderno de dibujo. El resultado es un impagable viaje por la Historia, el Arte y las costumbres de Málaga. En el trayecto se incluyen los rincones y detalles más variados: el famoso café de Doña Mariquita; la llamativa pareja de fachada gótica y hospital neogótico de la calle Santa María; el lucernario que baña de alegría el bullicioso Mercado de Atarazanas o esa céntrica manzana condenada por la especulación inmobiliaria. La mirada de Luis Ruiz Padrón, corresponsal en Málaga del movimiento mundial de *Urban Sketchers,* es comprometida, artísticamente sagaz y como comprobarán enseguida, inolvidable.

At first glance it is clear that these fascinating sketches offer a new perspective on The City of Paradise. This enriched vision of Malaga is thanks to the artistic and cultural sensibility of Luis Ruiz Padrón, a humanist architect who has shared the treasures of his sketchbooks. The result is a priceless journey through the history, art and customs of Malaga. Along the way a variety of nooks and details are explored: the famous Doña Mariquita café, the striking mix of architectural styles on the street of Santa Maria, the skylight that bathes the bustling Market of Atarazanas, and one of the central blocks condemned by real estate speculation. The work of Luis Ruiz Padrón, Malaga correspondent for the worldwide movement of Urban Sketchers, is highly committed, artistically accurate and, as will be immediately confirmed, unforgettable.

Alfonso Vázquez
Periodista

Málaga

CUADERNO DE VIAJE
SKETCHBOOK

LUIS RUIZ PADRÓN

lovingbooks

15.02.13
18:45 h

PASEO DE LA FAROLA (1)

LOS MALAGUEÑOS PASEAN MEZCLADOS CON LOS GUIRIS DISFRUTANDO DEL ATARDECER CON LA ALCAZABA DE FONDO.

- 'LA FAROLA' IS FEMININE AS IT IS A LIGHTHOUSE WEARING A SKIRT (I.E. THE KEEPE'S HOUSE & OFFICE)

HOTEL MALAGA PALACIO
CATEDRAL
PASEO DEL PARQUE
PALMERAL DE LAS SORPRESAS

20

PALACIO DE
LA ADUANA
ALCAZABA

MÁLAGA DESDE
GIBRALFARO (P)

TERMINAL DE CRUCEROS (3)

ESTACIÓN MARÍTIMA.
MORRO DE LEVANTE.

AUTOBUSES Y TAXIS AGUARDAN EN LA EXPLANADA EL DESEMBARCO DE LOS PASAJEROS PARA REALIZAR RUTAS TURÍSTICAS AL CENTRO DE LA CIUDAD O A POBLACIONES LIMÍTROFES.

PASSENGERS CROWD AT THE STERN WHILE THE VESSEL IS BEING MOORED TO THE DOCK.
HEY, LOOK!!
THAT MUST BE THE CATHEDRAL...
MS MISKATONIC
PANAMA
CRUISES

PLAZA DE TORRIJOS (4)

VISTA DE LA FUENTE DE LAS TRES GRACIAS, LA ALCAZABA Y EL AYUNTAMIENTO.

TORRE DEL
HOMENAJE

< CAPITEL ISLÁMICO

CUARTOS DE GRANADA, EN LA ZONA DE PALACIOS.

SOBRE ELLOS APOYAN ARCOS POLILOBULADOS.

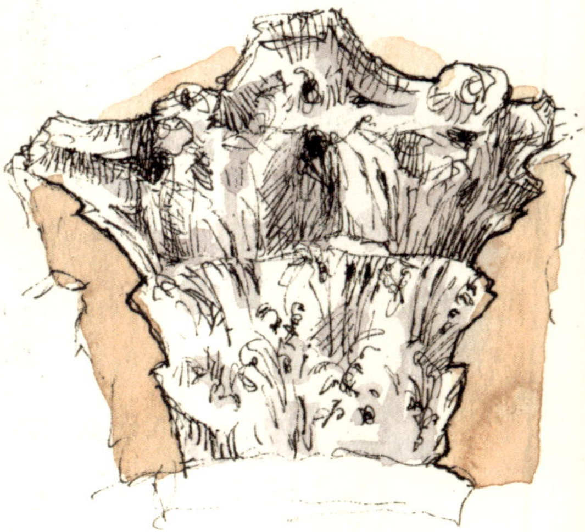

CAPITEL ROMANO >

EMPOTRADO EN LOS MUROS DE LA FORTALEZA.

FUERON REAPROVECHADOS DE CONSTRUCCIONES MÁS ANTIGUAS.

مالقة
مدينة الأندلس

LA ALCAZABA (5)

PROBABLEMENTE, LAS MEJORES VISTAS DEL CENTRO DE LA CIUDAD Y DEL PUERTO SE TENGAN DESDE LOS MUROS DE LA VIEJA FORTALEZA.

BANCO DE ESPAÑA
(1936)
BANK OF SPAIN
(CENTRAL BANK)

JUNTO AL PASEO DEL PARQUE SE VAN ALINEANDO EDIFICIOS INSTITUCIONALES EN LAS PRIMERAS DÉCADAS DEL S.XX

AYUNTAMIENTO (6)
(1919)
CITY HALL

ALCAZABA
TEATRO ROMANO
CORTINA DEL MUELLE

(FORMER CUSTOMS HOUSE)

PALACIO DE LA ADUANA (7)

VISTA DESDE LA AZOTEA DEL HOTEL MÁLAGA PALACIO.

ALAMEDA PRINCIPAL (8)

ANTIGUAMENTE ERA UN BULEVAR
HOY ES PROBABLEMENTE EL LUGAR
MÁS TRANSITADO DE MÁLAGA Y
LA CABECERA DE MUCHAS LÍNEAS
DE LA EMPRESA PÚBLICA DE TRANSPORTE

FLOWER VENDORS ON CENTRAL SIDEWALKS.
DIRECCIÓN AVDA. DE ANDALUCÍA

SIGLO XVIII (9)

ALAMEDA PRINCIPAL

PALACETE DE FAMILIA
DE COMERCIANTES

MERCHANT'S HOUSE

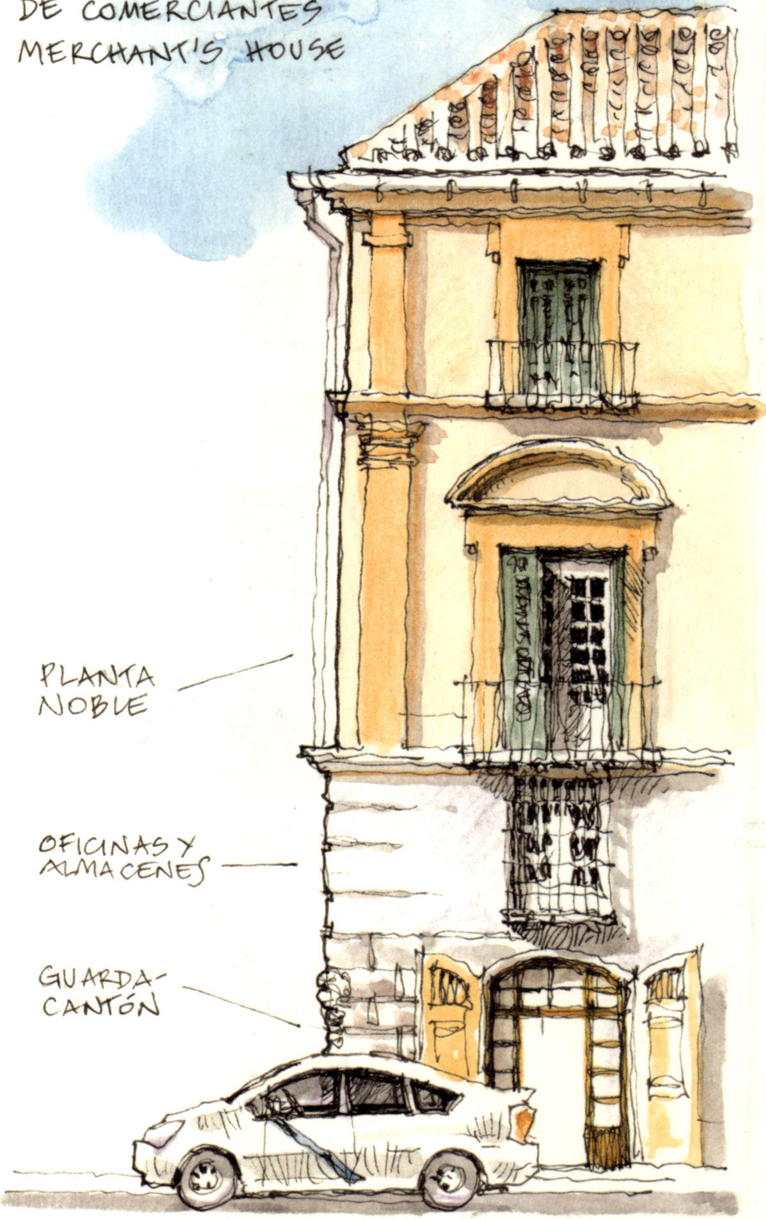

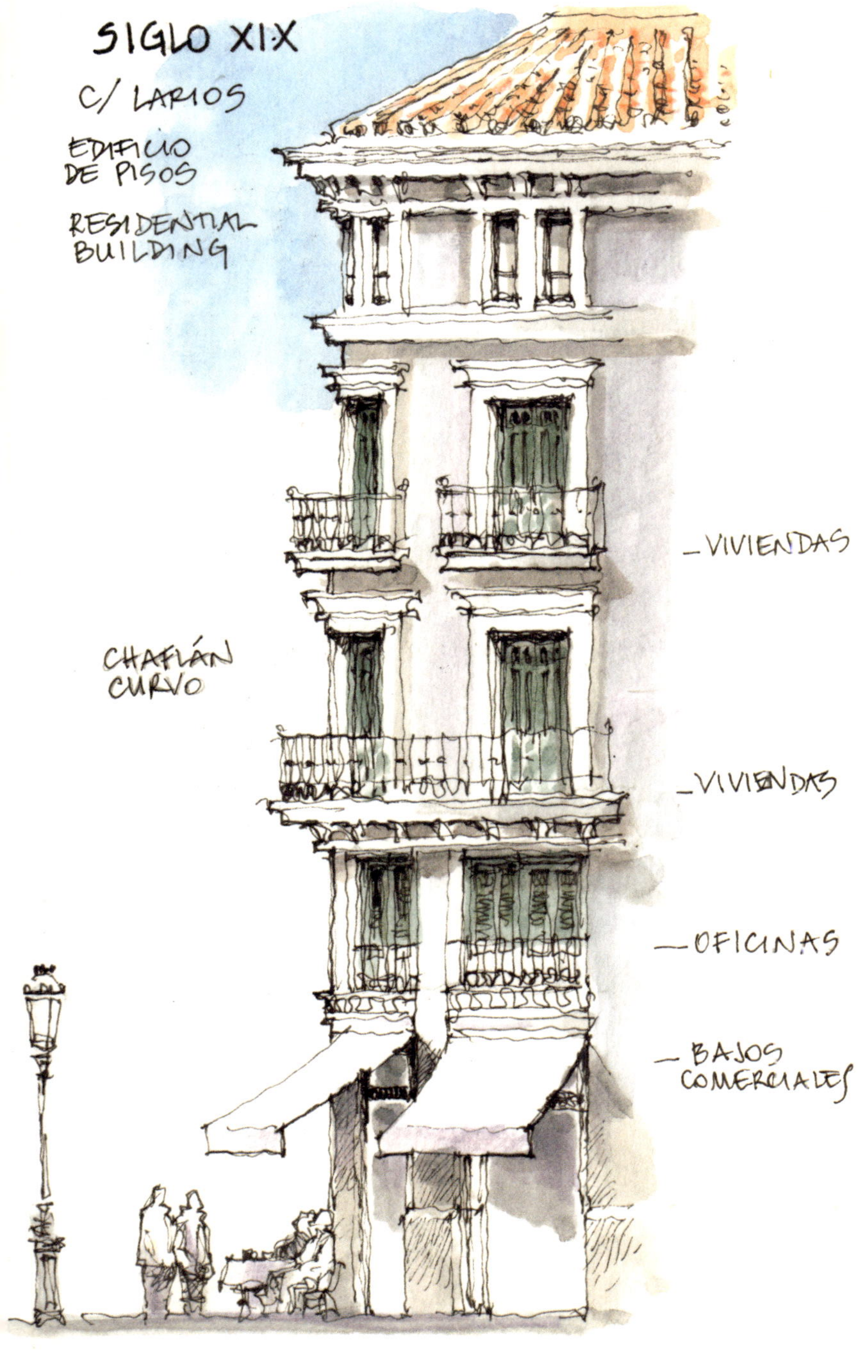
SIGLO XIX
C/ LARIOS
EDIFICIO DE PISOS
RESIDENTIAL BUILDING
CHAFLÁN CURVO
VIVIENDAS
VIVIENDAS
OFICINAS
BAJOS COMERCIALES

DETALLES ARQUITECTÓNICOS (10)

LOS 'CIERROS' DE MADERA SON EL ELEMENTO MÁS CARACTERÍSTICO.

'CIERRO'

ALAMEDA PRINCIPAL

IGLESIA DE S. JUAN

CASA DEL OBISPO

'GUARDACANTONES'

SERVÍAN PARA PROTEGER LAS ARISTAS DE LAS EDIFICACIONES EN LOS BAJOS.

- THEY PROTECT BUILDING'S CORNERS AT STREET LEVEL

C/ PASTORA, ESQUINA A C/ PANADEROS.

PINTURAS MURALES

LAS FACHADAS SOLÍAN PINTARSE CON PATRONES GEOMÉTRICOS O ARQUITECTURAS FINGIDAS.

C/ TORREGORDA

ONCE

CALLE LARIOS (11)
¡EL CORAZÓN DE LA URBE!

MANUEL DOMINGO
LARIOS Y LARIOS,
II MARQUÉS DE LARIOS.
ALEGORÍA DEL
TRABAJO (TORERO
MAZZANTINI)

MARQUÉS DE LARIOS (12)

LA ESCULTURA URBANA MÁS DESTACADA PRESIDE LA INTERSECCIÓN ENTRE LA ALAMEDA Y CALLE LARIOS, Y ESTÁ DEDICADA AL MARQUÉS DEL MISMO NOMBRE QUE LA PROMOVIÓ. EN 1931 FUE ARROJADA AL MAR, SIENDO RESCATADA ALGUNOS AÑOS MÁS TARDE Y VUELTA A COLOCAR.

AUTOR: MARIANO BENLLIURE, 1899

PLAZA DE FÉLIX SÁENZ (13)

EL ANIMADO ENTORNO DE
CALLE SAN JUAN TODAVÍA
RESISTE EL EMBATE DE LAS
FRANQUICIAS, QUE YA SE
HAN IMPUESTO EN OTRAS
VÍAS DEL CENTRO. LA TORRE
DE SAN JUAN, POSIBLEMENTE
LA MÁS BELLA DEL LUGAR,
SE VISLUMBRA AL FONDO.

THIS GATE BELONGED
TO THE MEDIEVAL
NASRID ARSENAL.

MERCADO DE ATARAZANAS (14)

UNA ESTRUCTURA METÁLICA DEL
S. XIX ADOSADA A LA PORTADA
DE LAS ATARAZANAS MEDIEVALES.

NAVES LATERALES
CON UNA CUBIERTA
OPACA DE TEJA
CERÁMICA PLANA

NAVE CENTRAL
CUBIERTA CON
LUCERNARIO DE
VIDRIO CONTINUO

MAIN MARKET, >
BUTCHER'S AREA.

01.02.13
13:30 h

MERCADO DE ATARAZANAS (15)

SUCESIÓN DE
CLAROSCUROS
EN UN ESPACIO
MAGNÍFICO...

ENVASAM
PRODUCT
EL VOTERO

PRODUCTOS 'HALAL' EN EL PASILLO SIGUIENTE.

LA CHARCUTERÍA SENSU TIENE UNA SITUACIÓN PRIVILEGIADA, AL FONDO DEL PASILLO CENTRAL DE LA SECCIÓN DE CARNE. ESA VENTAJA, Y LA BUENA PRESENTACIÓN DE LOS PRODUCTOS, SE TRADUCEN EN UNA CLIENTELA NUTRIDA.

MERCADO DE ATARAZANAS (16)
CHARCUTERÍA SENSI
NAVE OESTE-CARNE

BACALADILLAS
3€/KG.
BOQUERONES
3,50€/KG.

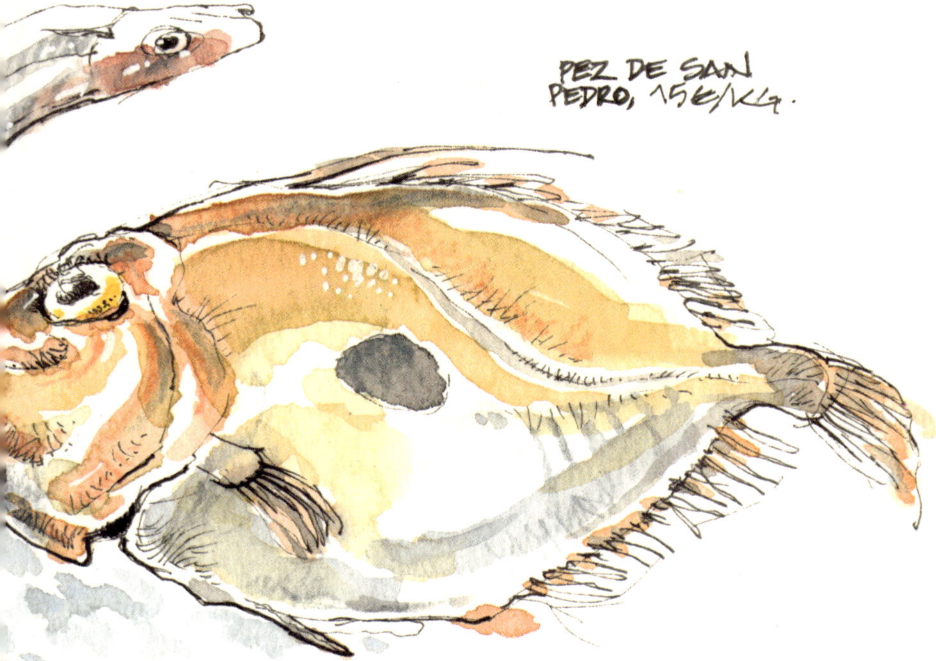

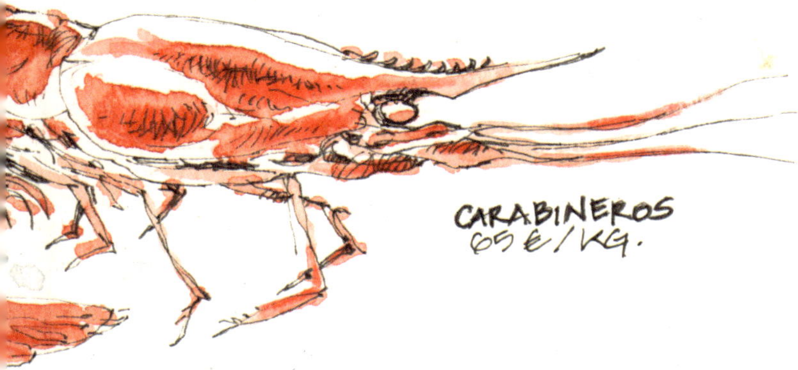

MÁLAGA, MERCADO DE ATARAZANAS (17)

SECCIÓN DE PESCADO FRESCO, EN EL PASILLO CENTRAL DEL EDIFICIO, TRAS LA ANTIGUA PORTADA ISLÁMICA.

CALZADOS

CALLE SAN JUAN (18)

CALZADOS HINOJOSA, EL LUGAR EN EL QUE COMPRAR ALPARGATAS.

- THE SHOE STORE IN WHICH THE BEST ESPADRILLES ARE SOLD

MUSEO CARMEN THYSSEN (19)
CALLE COMPAÑÍA.
(PALACIO VILLALÓN)

RECENTLY
RESTORED
PALACE.
16th
CENTURY.

IGLESIA DEL SAGRADO
CORAZÓN (JESUITAS)
PLAZA DE SAN IGNACIO.
(1907 - 1920)

PABLO RUIZ
PICASSO
ESCULTURA EN
LA PLAZA DE
LA MERCED.
JARDÍN DE LA
IGLESIA DE
S. AGUSTÍN
MUSEO PICASSO MÁLAGA (20)
CALLE SAN AGUSTÍN
(PALACIO DE BUENAVISTA)
16 th. CENTURY / S. XVI.

OBELISCO A TORRIJOS (21)

PLAZA DE LA MERCED, MÁLAGA
ERIGIDO EN MEMORIA DE LOS FUSILADOS EN MÁLAGA EN 1831.
SE INAUGURÓ EN DICIEMBRE DEL AÑO 1842, EN EL QUE LOS RESTOS FUERON TRASLADADOS A LA CRIPTA.

16.06.13
20:30h
"A vista de este ejemplo, ciudadanos, antes morir que consentir tiranos"
JACARANDAS AL FINAL DE SU FLORACIÓN

SAGRARIO
EL ÚNICO GÓTICO 'VERDADERO' DE LA CIUDAD, ENFRENTADO AL NEOGÓTICO DE STO. TOMÁS
RICKSHAW
BUENO, SEGURO QUE AQUÍ NO LES LLAMAMOS ASÍ...

HOSPITAL DE SANTO TOMÁS

EL GRAN ENIGMA. MUY POCOS HAN PODIDO ACCEDER A SU INTERIOR EN LAS ÚLTIMAS DÉCADAS. HOY, EN ESTADO DE ABANDONO...

02.11.13
13:15h

CALLE DE STA. MARÍA (22)

DESDE EL PUERTO LLEGAN OLEADAS DE TURISTAS QUE HABLAN EN ITALIANO: IL CENTRO STORICO, PASSEGGIATA, Y OTRAS PALABRAS PARECIDAS

13.10.12
19:30 h
37º SKETCHCRAWL (23)

LA FACHADA PRINCIPAL DE LA CATEDRAL AL ATARDECER DESDE UNA TERRAZA DE LA PLAZA DEL OBISPO. SÓLO QUEDAMOS SEIS A ESTAS ALTURAS DEL 'CRAWL'.

02.12.13
13:30h

CATEDRAL DE MÁLAGA (24)

CRUCERO Y GIROLA, VISTA HACIA LA CABECERA.

PUERTA DEL SOL
(POSTIGO ABADES)

Parador
Centre

31·08·13
13:20h

BODA
EN SAN
LAZARO
(25)

LOS INVITADOS EN
LA PUERTA DESPUES
DE LA CEREMONIA.

CAFÉ - BAR
'DOÑA MARIQUITA' (26)

PLAZA DE UNCIBAY. UN LUGAR CON SOLERA QUE SE PRESTA A LA TERTULIA.

– IN MÁLAGA,
COFFEE IS OFTEN
SERVED IN GLASSES
RATHER THAN CUPS.

'UN MITAD'

POR TODO RÓTUL
DOS PLACAS GEMEL
CLAVADAS EN LOS
VIEJOS PORTONE
DE MADERA.

ALAMEDA
PRINCIPAL

"Málaga la bravía,
la de las cien tabernas
y una sola librería"

LA CUENTA SE ANOTA
CON TIZA SOBRE EL
MOSTRADOR DE MADERA.

ANTIGUA CASA DE GUARDIA (27)

'GUARDIA' ES UN APELLIDO, Y DA SU NOMBRE A LA TABERNA MÁS AUTÉNTICA Y A LAS BODEGAS QUE PRODUCEN EL VINO QUE ALLÍ ES DESPACHADO.

VINOS DULCES DE MÁLAGA: MOSCATEL, PEDRO XIMÉN, GUINDA, PAJARETE, LÁGRIMA...

ECTA:
ael Moneo Vallé
PASILLO
DE ATOCHA
Y cons uimos
PENSI N
"Ahora
E 6622

uturo"

07.03.13
14:30h

PENSIÓN 'LA MUNDIAL' (28)

FULLERO CARTEL DE LA PROMO-
TORA ANUNZIA: "AHORA
PROYEZTAMOS Y CONSTRUIMOS
EL FUTURO". DETRÁS, EL VE-
NERABLE CASERÓN LANGUIDEZE
REZUBIERTO DE REDES.
NUBARRONES EN LONTANANZA...

GENTE QUE MIRA... (29)
DESDE LOS BALCONES.
SEMANA SANTA 2012

- BALCONIES AT EASTER

< BALCÓN EN CALLE CALDERERÍA. LA FAMILIA AL COMPLETO CONTEMPLA EL GRUPO ESCULTÓRICO DE LA ÚLTIMA CENA.

UNA PACIENTE MIRA A TRAVÉS DE LOS VISILLOS DE SU VENTANA DE LA CLÍNICA GÁLVEZ CÓMO LA CONGREGACIÓN DE VIÑEROS PASA POR EL PATIO DE LOS NARANJOS >

AUNQUE EL PISO PRINCIPAL PARECE ESTAR VACÍO, EL SEGUNDO DE ESTE EDIFICIO DE LA PLAZA DE LA MERCED COMPENSA CON CRECES TAL AUSENCIA.

CASTAÑUELAS
PANDERO
VIOLÍN

BIZNAGA
(RAMILLETE DE
JAZMINES)
PANDA DE
VERDIALES (30)
FOLKLORE DE
LOS MONTES
DE MÁLAGA.
GORRO DE
FLORES
GUITARRA
FAJÍN

C/ DOMINGO LOZANO
BARRIO DE LA TRINIDAD

C/ CONDE DE UREÑA
HAZA VICTORIA

'CASAS MATAS':
POPULAR HOUSING IN THE OUTSKIRT DISTRICTS.

'CASAS MATAS' (31)

VIVIENDAS DE 1 ALTURA
EN BARRIOS POPULARES.

'MAN MOVING 2'
OBRA DE STEPHAN
BALKENHOL
CORREOS
ANANDA

04.01.14
13:30h.

AVENIDA DEL C.
BENÍTEZ / C.A.C. (32)

PAISAJES MODERNOS
JUNTO AL CAUCE DEL
RÍO GUADALMEDINA.

COTORRAS
ESPECIE INVASORA
QUE NIDIFICA EN
LAS PALMERAS
SYAGRUS
ROMANZOFFIANA
YUCCA ELEPHANTIPES
PHOENIX DACTYLIFERA
VÍCTIMA DEL 'PICUDO ROJO'

PLATERO'

A ESCULTURA
ÁS POPULAR
TRE LOS NIÑOS

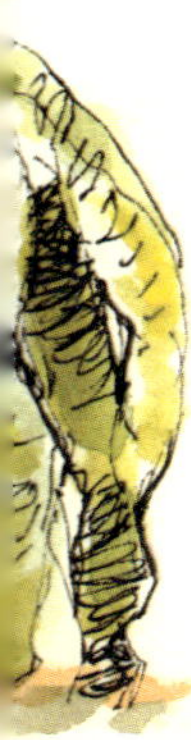

PALO BORRACHO - CEIBA INSIGNIS - (33)

EL ÁRBOL MÁS ORIGINAL
DE LA CIUDAD DE MÁLAGA

CALETA Y LIMONAR (34)

ZONA RESIDENCIAL AL ESTE DE MÁLAGA. AL FINAL DEL SIGLO XIX Y PRINCIPIOS DEL XX SE CONSTRUYERON EN ELLA UN BUEN NÚMERO DE CASERONES Y VILLAS DE RECREO, DE LAS CUALES YA HAN DESAPARECIDO BASTANTES.

SE LAS LLAMABA 'HOTELITOS'

ARAUCARIA HETEROPHYLLA
(NORFOLK PINE)
OCEANÍA

ERYTHRINA CHRISTA-GALLI
ÁRBOL DEL CORAL
(COCKSPUR CORAL TREE)
SUDAMÉRICA.

SUBTROPICAL PLANTS FROM THE FIVE CONTINENTS GROW IN THE MILD CLIMATE OF THE 'COSTA DEL SOL'

'VILLA ONIEVA' - AVDA. PINTOR SOROLLA

JÁBEGA

EMBARCACIÓN TRADICIONAL DE PESCA DE LA COSTA DE MÁLAGA. EN LA PROA TODAVÍA SE LES PINTA UN ANCESTRAL OJO DE HORUS DE POSIBLE ORIGEN FENICIO.

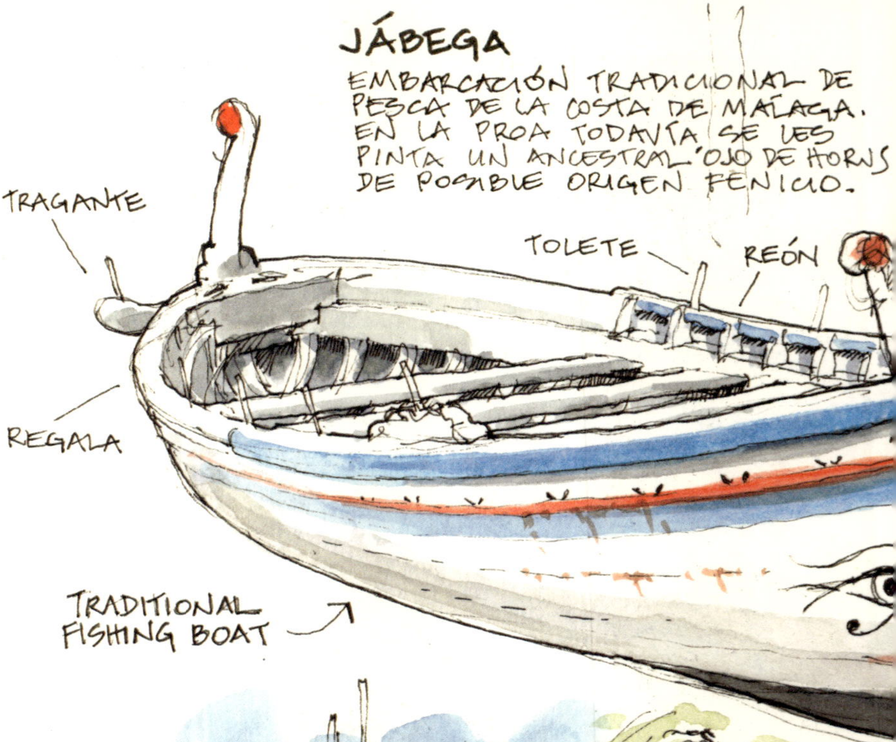

PEDREGALEJO (35)

ANTIGUO BARRIO DE PESCADORES.
- THE BEST PLACE TO EAT SEAFOOD!

CAPEROL
MANIQUETAS
THE EYE OF HORUS
PICO
TAJAMAR
-3-78-95

BAÑOS DEL CARMEN (36)

DESDE AQUÍ SE VEN LOS MEJORES ATARDECERES DE TODA MÁLAGA.
– THE RIGHT PLACE TO BE AT SUNSET!

EL VIEJO BALNEARIO PENDIENTE DE SER RESTAURADO.

SUNSET
VICTORIA

VIVA
MALAGA

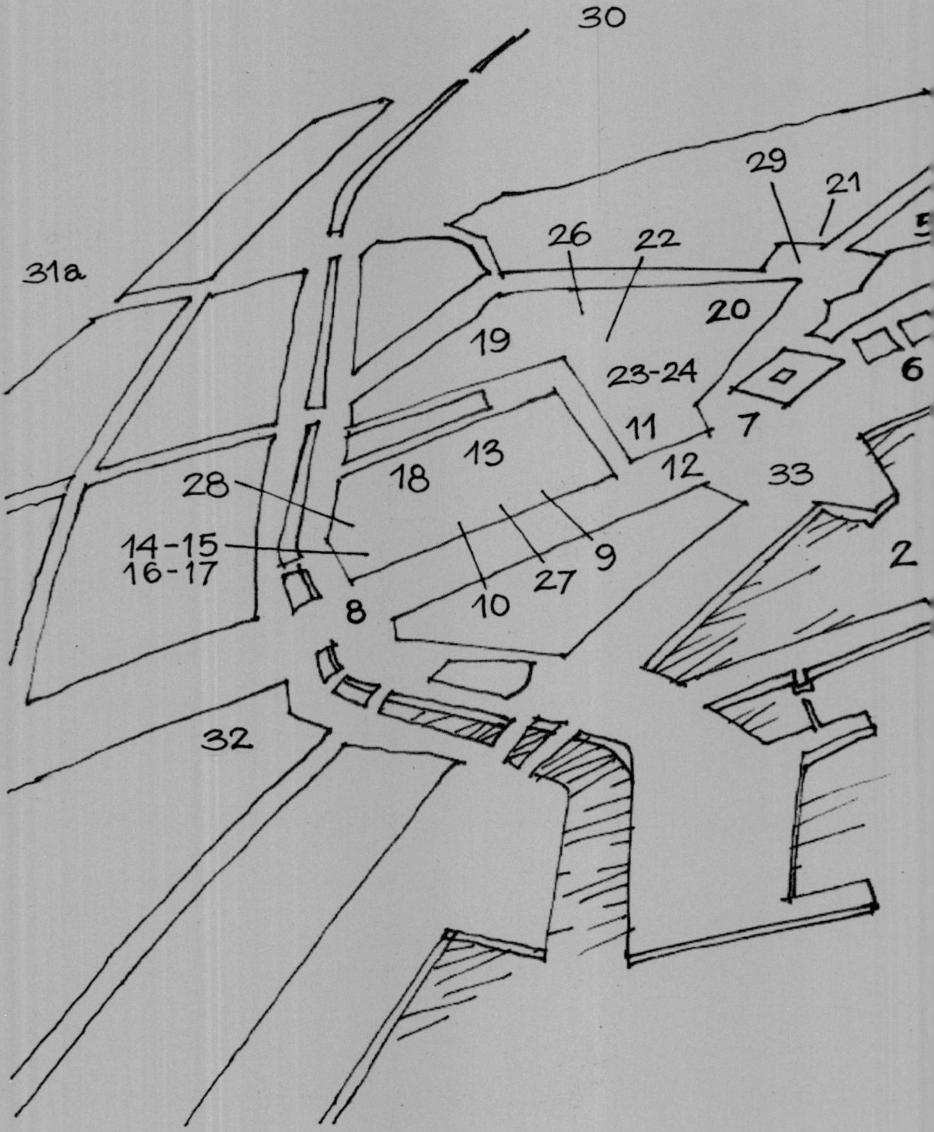
30
31a
29
21
5
26
22
20
19
23-24
6
7
11
13
18
28
12
33
14-15
16-17
9
2
27
10
8
32